SUELI DE SOUZA CAGNETI
ALCIONE PAULI

TRILHAS LITERÁRIAS INDÍGENAS PARA A SALA DE AULA

Série
Conversas com o Professor

autêntica

Copyright © 2015 Sueli de Souza Cagneti e Alcione Pauli
Copyright © 2015 Autêntica Editora

Todos os direitos reservados pela Autêntica Editora. Nenhuma parte desta publicação poderá ser reproduzida, seja por meios mecânicos, eletrônicos, seja via cópia xerográfica, sem a autorização prévia da Editora.

COORDENADORA DA SÉRIE CONVERSAS COM O PROFESSOR
Sonia Junqueira

EDITORA RESPONSÁVEL
Rejane Dias

EDITORA ASSISTENTE
Cecília Martins

REVISÃO
Aline Sobreira

PROJETO GRÁFICO DE MIOLO
Diogo Droschi

PROJETO GRÁFICO DE CAPA
Christiane Costa

CAPA
Guilherme Fagundes

DIAGRAMAÇÃO
Christiane Costa

Dados Internacionais de Catalogação na Publicação (CIP)
(Câmara Brasileira do Livro, SP, Brasil)

Cagneti, Sueli de Souza
    Trilhas literárias indígenas para a sala de aula / Sueli de Souza Cagneti, Alcione Pauli. -- 1. ed. -- Belo Horizonte : Autêntica Editora, 2015. -- (Série Conversas com o Professor)

    Bibliografia
    ISBN 978-85-8217-417-3

    1. Leitura 2. Literatura indígena 3. Literatura indígena - Estudo e ensino 4. Literatura indígena - História 5. Professores - Formação 6. Sala de aula - Direção I. Pauli, Alcione. II. Título. III. Série.

14-02670   CDD-371.30281

Índices para catálogo sistemático:
1. Leitura crítica na sala de aula : Educação 371.30281

Belo Horizonte
Rua Aimorés, 981, 8º andar . Funcionários
30140-071 . Belo Horizonte . MG
Tel.: (55 31) 3214 5700
Televendas: 0800 283 13 22
www.grupoautentica.com.br

São Paulo
Av. Paulista, 2.073, Conjunto Nacional,
Horsa I . 23º andar, Conj. 2301 . Cerqueira César . 01311-940 . São Paulo . SP
Tel.: (55 11) 3034 4468

Ao acaso,
essa incógnita que cruza,
desvia, distancia, atrai encontros

Nesta história aqui,
de professora/aluna,
orientadora/orientanda,
por fim, amigas,
parceiras de trabalho,
o acaso se explica...
Mas, claro,
não se justifica...
Ainda bem!

9	PREFÁCIO
11	JUSTIFICANDO A TRILHA
19	PUXANDO UM DOS FIOS DA TEIA DA FILOSOFIA INDÍGENA
31	CONFRONTANDO MITOS E RECRIANDO A TEIA
47	GARIMPANDO E COMENTANDO FONTES PARA A SALA DE AULA
57	FIM DA TRILHA
61	REFERÊNCIAS

Prefácio

Roni Wasiry Guará[1]

Muito mais que o simples ato de ler, muito mais que decifrar enigmas da historicidade, percorrer "trilhas literárias" é viver, é buscar nos espíritos pertinentes do saber uma saída para as inquietações do fazer um novo, é construir e se fazer parte da história. Um enredo inspirador, que nos leva a uma prazerosa, longa, e ao mesmo tempo breve viagem em suas entrelinhas de raízes cheias de ancestralidade.

Caminhar nessas trilhas é uma boa, nova e gostosa maneira de despertar para um novo olhar sobre a memória brasileira, pois cada olhar vê coisas diferentes dependendo de onde se está sentado.

As autoras, com uma peculiar suavidade, como de uma bruma matutina, nos prendem em duas linhas a serem seguidas, uma carregada de tocante romantismo, explicitando o amor dedicado à obra, outra trazendo um leve e doce veneno, deixando claras suas inquietações, que nos arremetem ao ponto crucial, que mostra nosso caminhar entre o *lembrar* e o *esquecer*, palavras tão inquietantes e relevantes presentes na obra.

A oralidade, a escrita vermelha passada ao papel no punho de nobres guerreiros de um novo saber, traz a sabedoria de nossos antepassados, criando assim uma nova porta para se entender nosso presente como um *presente*, e com o sabor de uma água refrescante nos alivia o caminhar. Em cada parafrasear, com pontos, vírgulas e juntar de ideias, as autoras nos fortalecem em nosso tempo memorial, o que foge às buscas exaustivas costumeiras.

Excursões a trilhas como essas nos dão argumentos tão necessários que conduzem a uma resposta convincente a quem quer reinventar,

---

[1] Roni Wasiry Guará é escritor, pesquisador e professor nascido no Amazonas, filho da Floresta, descende da etnia Maraguá.

reolhar e viver a história em uma esfera mais clara, sabendo que em cada ato do acontecer há dois lados, sempre!

A abertura aqui proposta, que faz a relação entre fatos há tempos transcorridos e a visão do presente momento vivido, é objeto de uma série de questionamentos, em que nos ocuparemos em entender que a mediação da leitura do tempo que passou é um processo de relações que se faz no presente entre o *lembrar* e o *esquecer* registrados nesses rabiscos para uma melhor interação de qualidade a se estabelecer entre as sociedades.

Em um primeiro momento, essas indagações nos vêm como provocações, e são, mas indicam um caminho suave para o educador que pretende desenvolver uma maneira diferente de se relacionar com os que buscam um interagir mais aprofundado de uma história a que todos nós pertencemos.

Complementada por outros textos, matérias e objetos, a questão da mediação e do mediador merecerá, a partir deste livro, o olhar atento e necessário para nosso envolvimento e para a melhoria contínua da qualidade de nosso novo momento histórico. Entretanto, para ser mediador, deve-se prever o espaço entre o silêncio do vazio e o barulho cheio que nos cerca. Essas trilhas nos mostram que tudo está interligado, cada olhar, cheiro, ruído, cada cair de folhas, cada nascer de uma nova flor, cada respirar, e que às vezes é preciso mudar de lugar, outras é preciso fincar o pé e deixar acontecer, por isso merecem e vêm buscar outros muitos caminhantes para que novas trilhas sejam desbravadas. Basta se perder, assim meio sem rumo, para perceber que a cada frase se esconde uma parte importante de nosso contexto histórico.

Escrita imponente, resultado de um bem-sucedido olhar de integração da vida urbana moderna com a defesa da memória dos antigos, as autoras descrevem com elegância que a história não pode ser entendida por um só olhar.

Viagem longa, pois o rio que corre em nossas veias não para, é mais um rio que cruza, desvia, distancia e atrai encontros, perfazendo um trecho de cada vez, a chave da leitura das "trilhas literárias" é uma impressionante ascensão, que nos liberta, que nos dá o poder de voar, uma leitura que abrirá portas para uma outra leitura, que abrirá a mais uma leitura.

Justificando a trilha

> *As crianças têm um canal aberto com a sua ancestralidade. Elas são emotivas e conseguem chegar onde os adultos não chegam. Os adultos costumam ser bloqueados pelas vozes da escola, da economia ou da política. Isso os impede de "acordar" as memórias ancestrais que trazem em si. O adulto precisa se curvar a esta verdade, caso queira compreender a escrita indígena.[2]*

Alcione: Por que o livro *Trilhas literárias indígenas para a sala de aula*?

Sueli: Muitas são as questões que justificam essa nossa escolha. Antes de qualquer coisa, por ser voltado à escola, ou seja, à especificidade do trabalho em sala de aula com a literatura indígena, o livro busca atender ao que pede a Lei n. 11.645\2008, que "estabelece as diretrizes e bases da educação nacional, para incluir no currículo oficial da rede de ensino a obrigatoriedade da temática 'História e Cultura Afro-Brasileira e Indígena'" (BRASIL, 2008). Por outro lado, a contemporaneidade tem se voltado para as culturas minoritárias, para a arte, principalmente aquela consagrada pela tradição, para o redimensionamento de olhares sobre a ancestralidade, revendo, assim, nossos conceitos sobre ritos, mitos e crenças, nos quais a humanidade tem se pautado ao longo dos séculos.

Alcione: A legalidade é um fato indiscutível. Tanto é que o material em torno da temática indígena, principalmente no que diz respeito

---

[2] Resposta dada por Daniel Munduruku à pergunta "Em entrevista recente, você afirmou: 'Um adulto, se quiser ler meus livros, terá que fazer um exercício para ouvir suas vozes ancestrais. Isso as crianças fazem sem esforço'. Por quê?", feita por Reni Adriano em entrevista para o Instituto Ecofuturo (MUNDURUKU, 2013).

ao objeto livro, nunca teve número tão expressivo de publicações. Que fenômeno é esse?

Sueli: Obviamente, o mercado editorial – sempre atento às necessidades da escola – tem publicado obras de temática indígena, desde autores das mais diferentes etnias ameríndias (Sateré-mawé, Kaigangue, Munduruku, Tupi, Guarani, Maraguá, Macuxi, Xavante, Baniwa, Yanomani, Potiguara, Xokleng, entre outras[3]) até escritores não indígenas de diferentes pontos do país voltados para crianças, jovens e adultos, seja no campo ficcional, seja no informativo ou teórico, contribuindo com essa demanda – a cada dia mais urgente – ocasionada pela lei sancionada pelo então presidente Lula. No entanto, para além do atendimento à legalidade, outras questões pontuais têm contribuído para o fenômeno que você aponta.

Alcione: A parceria, ou as parcerias, por exemplo, contribuem para o crescimento e o amadurecimento das ideias. No caso da literatura indígena, os movimentos organizados foram fundamentais para impulsionar e apresentar ao mercado editorial e ao Brasil nossas histórias milenares. Uma das manifestações que podemos citar aqui é o Núcleo de Escritores e Ilustradores Indígenas (Nearin) do Instituto Brasileiro de Patrimônio Indígena (Inbrapi), que fomenta, organiza e promove eventos e publicações que remetem à cultura ancestral. Em conjunto com a Fundação Nacional do Livro Infantil e Juvenil (FNLIJ), esse núcleo de escritores promove, desde 2004, os concursos Tamoios e Curumim, incentivando a escrita entre os indígenas e o trabalho em sala de aula com essa temática.

Sueli: Esse movimento, com certeza, impulsionou a escrita de cidadãos brasileiros de diversas etnias, trazendo à cena a cultura, a presença e a relação com a vida desses indígenas a partir de seu próprio ponto de vista. Como se sabe, há até muito pouco tempo, o contato dos brasileiros, em sua maioria, com a temática em questão se fazia através do olhar do branco, do ocidentalizado.[4] E esse olhar unilateral,

---

[3] Para conhecer mais sobre as diferentes etnias, que, segundo o IBGE, são 305, pode-se consultar o texto "IBGE mapeia a população indígena" (2003).

[4] Não podemos perder de vista que a maioria de nós teve pouco ou nenhum contato direto com o cotidiano indígena, menos ainda com suas histórias, e que, portanto, o que sabemos nos foi dito por vozes brancas de antropólogos, missionários, bandeirantes e imigrantes europeus.

sem dúvida, levou-nos a avaliar esses povos de forma equivocada, preconceituosa ou, então, romanticamente idealizada. As Iracemas e os Peris que o digam.

Alcione: Um novo quadro está se pincelando: multicolorido, com muitas vozes, cada uma com seus tons. Nessa teia das histórias, quem entra em cena são os indígenas. E eles também estão transitando nos espaços ocidentalizados, para se apropriarem da técnica da escrita e de seus procedimentos e, assim, mostrarem em sua "escritura" os protagonistas de uma realidade muito deles.

Sueli: Uma coisa é alguém falar de mim. Outra é eu mesma falar a meu respeito. Daí termos interesse em contrapor esses olhares, buscando um enriquecimento do processo de valorização de nossos povos primeiros. Nossa trilha busca trazer livros escritos por indígenas (criações suas e/ou informações sobre sua cultura, ou, ainda, reescrita de suas lendas e mitos) e livros escritos por autores não indígenas que, distanciados de uma vivência, mas interessados ou admiradores e pesquisadores dela, enxergam-na a partir de outro ângulo.

Alcione: Esse contraponto é essencial para nós termos mais compreensão de quem somos, pois quando olhamos para o outro, estamos reconhecendo o que temos de comum e de diferente. Ou até passamos a ver no outros questões que estão escondidas, sufocadas ou adormecidas. Olhar e se olhar, conhecer e se reconhecer, pertencer a esse todo que é o Brasil.

Sueli: Nosso livro, portanto, escolheu atalhos bem pontuais para discutir essas diferentes culturas, diferentes etnias, marcadas por crenças, rituais, fazeres, concepções de mundo diversas entre si, mas com um ponto em comum, que é a ideia de que todos pertencemos a uma mesma teia universal. Isso, no entanto, não justifica termos, essencialmente na escola, lidado com um problema conceitual profundamente equivocado: o de que o indígena, independentemente de sua geografia, sua língua e sua cultura, fizesse parte de uma massa uniforme.[5]

Alcione: Não existe uniformidade, definitivamente, mas a escola insistiu por muito tempo em padronizar tudo que por lá passa, e em

---

[5] Para saber mais a respeito da imensa diversidade desses povos, aconselha-se consultar as seguintes obras, recentemente publicadas: GRAÚNA (2013), MUNDURUKU (2012) e THIÉL (2012).

especial a cultura indígena. As etnias são várias, há muitas peculiaridades entre elas e não regras fechadas, pois elas se abrem para o diálogo ou mesmo para o confronto. Há etnias mais isoladas, outras mais sociáveis, outras mais guerreiras, outras mais apaziguadoras, e por aí vai. Além disso, esses povos falam 180 línguas, o que por si só já justifica a sua não homogeneidade.

Sueli: Realmente, Alcione, esse número de línguas, recentemente divulgado pela Funai, é um grande demonstrativo da diversidade cultural desses povos, que muito bem se explica no seguinte trecho: "A língua é o meio básico de organização da experiência e do conhecimento humanos. Quando falamos em língua, falamos também da cultura e da história de um povo. Por meio da língua, podemos conhecer todo um universo cultural, ou seja, o conjunto de respostas que um povo dá às experiências por ele vividas e aos desafios que encontra ao longo do tempo" (Os Índios, [s.d.]).

Alcione: O que mais me entristece é constatarmos o quanto dessa diversidade se perdeu a partir da colonização do Brasil, pois, conforme a mesma página do *site* da Funai citada por você: "Estima-se que cerca de 1.300 línguas indígenas diferentes eram faladas no Brasil há 500 anos. Hoje são 180, número que exclui aquelas faladas pelos índios isolados, uma vez que eles não estão em contato com a sociedade brasileira e suas línguas ainda não puderam ser estudadas e conhecidas" (Os Índios, [s.d.]).

Sueli: Por essas razões que você aponta é que esse nosso livro buscou autores indígenas de diferentes etnias – em confronto com eles mesmos –, assim como autores não indígenas – em confronto com os primeiros – para oferecer à escola a possibilidade de se debruçar sobre essa multiplicidade de concepções de mundo, crenças e valores culturais e linguísticos.

Alcione: Nossa proposta é apontar possibilidades de trabalho a partir de nossas vivências com os textos que priorizem a cultura indígena. Transitamos no campo de textos literários, organizando um bloco de histórias que contam um mito sob vários pontos de vista. Conversamos sobre o que é um mito, sobre a trajetória de um herói e sobre como ele se constrói. Partilhamos leituras de livros que remetem a outras obras de arte, destacando entre elas o que entendemos ser o ponto comum entre as escritas de vários povos indígenas, que é, essencialmente, a memória.

Sueli: Vale lembrar aqui, Alcione, que todo esse trabalho pouca valia terá se nós, brasileiros, como um todo, não conseguirmos desconstruir o estereótipo indígena escolar que nos foi imposto desde que a escola passou a tratar dessa temática. Pode parecer absurdo o que vou testemunhar agora, mas, no mês de abril de 2013, logo após o Dia do Índio, ao visitar escolas, embora eu quisesse negar o que meus olhos viam, notei que lá estavam expostas nos corredores folhas e mais folhas de "trabalhinhos" de alunos de educação infantil e dos anos iniciais que me fizeram sentir constrangimento. Além das já há décadas condenadas folhas mimeografadas (hoje substituídas pelas cópias xerografadas), todas iguais para todos, para pintar ou preencher com papel picado ou bolinhas de crepom (hoje substituídos por quadradinhos do altamente poluente EVA), lá estavam, para atividades similares, nossos indígenas em número infindável: todos com a mesma face, pintadas da mesma forma, e com a cabeça "ornamentada" com a já famosa imitação escolar de um cocar.

Alcione: Qual é a sua maior indignação? O que faz com que continuemos a reproduzir na escola tantos procedimentos indevidos e superados?

Sueli: Creio que o maior problema continue residindo na má formação dos professores, de modo geral. Perguntem-se quantos deles tiveram em suas licenciaturas disciplinas que abordassem as temáticas indígenas e africanas para o devido cumprimento da lei que foi sancionada em 2008. Ou quantos discutiram ou refletiram em sua formação que indígenas e africanos não são cidadãos pertencentes a um único grupo. Quantos têm noção do número significativo de diferentes etnias que compõem a população indígena e africana, com todas as suas peculiaridades linguísticas, culturais, religiosas, artísticas, e por aí vai.

Alcione: Sobre as diferenças, por exemplo, das pinturas corporais, as razões são inúmeras, revelando intenções diversas: alguns povos se pintam com traços e linhas, outros, com pingos (imitando as pintas das onças, como é o caso dos Matis), outros que praticamente pintam o corpo todo, dependendo do rito, da emoção, do sentimento ou das comemorações e circunstâncias religiosas. Além disso, existem aquelas pinturas que distinguem castas sociais e motivos de guerra.

Sueli: Como você pode constatar, não há como não se indignar ao ver uma mesma face estereotipada, servindo de mote para, além de "festejar o Dia do Índio", fazer exercícios bizarros como ligar as palavras "índio" ou "cocar" aos desenhos, ou relacionar grupos de dois, três ou quatro "índios" com os respectivos numerais, ou atividade de pintura para alunos menores, sempre com o mesmo modelinho.

Alcione: Tudo o que você, Sueli, aponta aqui referente aos equívocos dos exercícios que continuam a se perpetuar no ambiente escolar me fez lembrar de uma fala sua, publicada no livro *Literatura infantil juvenil: diálogos Brasil-África,* complementando seu diálogo com Cleber. Ele se dizia preocupado com o ensino da cultura e da literatura afro nas escolas, para não se repetirem erros relativos a estereótipos bem marcados em relação às efemérides festejadas nas escolas, correndo-se o risco da criação de um Dia do Negro, por exemplo, como existe o Dia do Índio.

> A esse respeito eu inclusive pude comprovar *in loco* o quanto a escola, nas comemorações de determinadas efemérides, não só é redutora no olhar como, muitas vezes, profundamente equivocada. Eu estava dando um curso para professores numa das capitais brasileiras justamente no dia do índio, quando conversávamos a respeito desses equívocos e, mais particularmente, dos relativos à cultura indígena. Estávamos trabalhando com *Apenas um Curumim* de Werner Zotz, *Tempo de histórias* de Daniel Munduruku e com a narrativa visual *Entre mundos* de Adriana Mendonça, cujas temáticas centravam-se no assunto em questão. Quando saímos para almoçar, encontramos crianças que saíam da escola naquele momento e, me atrevo a dizer, fantasiadas de índio. Repito, fantasiadas, porque tinham no rosto alguns riscos coloridos e na cabeça um adorno feito de cartolina que tentava representar um cocar. O triste dessa cena não foi apenas termos visto as crianças assim iludidas, simulando a figura de um indígena que quase não existe mais ou que na verdade, nunca existiu. Essa civilização ancestral brasileira é muito mais do que uma série de riscos coloridos no rosto e uma imitação de cocar na cabeça. A tristeza do fato se evidenciava, principalmente, no orgulho que se via nas mães dos pimpolhos que os levavam pelas mãos, como se a escola tivesse praticado com eles um grande feito, ao olhar e representar dessa forma, o diferente, o não branco, o não ocidental. Mas, pasme: o pior ainda está por vir. Sentados numa

calçada dessa mesma rua, estavam uma mãe indígena com seus filhos, vendendo seu artesanato. Pergunte-me se essa família se reconheceu naquelas crianças fantasiadas ou se aquelas se deram conta, juntamente com suas mães, de que estavam diante de quem haviam festejado na escola e por causa de quem desfilavam fantasiadas nas ruas (CAGNETI; SILVA, 2013, p. 25).

Sueli: Pois é, Alcione, que bom que você lembrou esse caso, pois tive a infelicidade de presenciá-lo em 2005. E, tristemente, com essa sua lembrança, constato que passados dez anos, muito pouco ou quase nada mudou em relação a essas questões.

Alcione: Nosso desafio maior nos parece ser, então, o de sensibilizar o professor – antes de tudo – a desconstruir conceitos erroneamente construídos e estabelecidos, convidando-os a reconstruir os fios da teia para provocar conversas culturais que possibilitem a visualização dos inúmeros povos existentes dentro da palavra "indígena". Assim, quem sabe comemorar o Dia do Índio passe a ser desnecessário, uma vez que respeitaremos de forma diferenciada esses povos pertencentes a uma civilização que – embora com suas particularidades e, consequentemente, suas riquezas diferentes das nossas – são, em última instância, cidadãos brasileiros.

Puxando um dos fios da teia da filosofia indígena

> *No meio da roda o fogo, irmão de outras eras,*
> *Liberta faíscas, irmãs das estrelas.*
> *Soprando suavemente, o vento, o irmão-memória,*
> *vem trazendo as histórias de outros lugares.*
> *Sob nossos pés está a mãe de todos nós,*
> *a terra, acolhedora. Sempre pronta, sempre mãe,*
> *sempre a nos lembrar que somos fios na teia.*
> *De repente o falatório humano cessa.*
> *Um velho entra na roda.*
> *Tem passos lentos, suaves de quem não deixa rastros.*
> *O fogo, o vento, a terra se animam. Nos calamos*
> MUNDURUKU, 2006, [s.p.].

Alcione: A literatura indígena como movimento literário é recente. Ao trazer a arte de como o indígena entende a vida, ela reconstrói na escrita sua relação com o mundo, a qual sempre esteve registrada na oralidade em seus mitos e seus ritos. A memória é a grande propulsora entre as narrativas que – antes faladas de geração em geração – agora estão sendo registradas em livros, principalmente os voltados para o público jovem e infantil.

Sueli: É interessante observarmos como praticamente toda essa produção é voltada para crianças, adolescentes e jovens. A literatura infantil, cujas raízes estão na cultura popular, inicia-se especialmente através da recolha, feita por Perrault e pelos irmãos Grimm, dos contos de fadas que a tradição oral conservou, espalhando-os pelo mundo. O mesmo ocorreu com as fábulas que da oralidade passaram para a escrita pelas mãos de La Fontaine.[6] De forma muito semelhante, temos visto na contemporaneidade escritores indígenas e não indígenas recolhendo lendas e mitos ancestrais e os colocando em livro.

Alcione: É, e o que vale ressaltar é a diversidade de temas e abordagens que tem surgido, não é?

Sueli: Com certeza, Alcione. Cada vez mais híbridos, os livros infantis e juvenis, hoje, mesclam diferentes linguagens, recursos e procedimentos, adaptando-se perfeitamente ao modo de pensar dos indígenas, que – como comentaremos mais adiante em obras bem pontuais – compõem relatos pessoais, lendas, mitos, imagens, grafismos, glossários, informações geográficas e históricas do autor ou de sua nação.

Alcione: O procedimento da criação da literatura indígena, de modo geral, tem a marca do cotidiano. Os mitos, as construções, as comidas, as bebidas, a vida acontecem dentro das histórias. As narrativas iniciam com um caminho, de repente muda a história, e outra história entra, e às vezes personagens entram e desaparecem sem cerimônia para não explicar nada. E é nesse modo de registrar que encontramos a riqueza da literatura indígena.

Sueli: Vejo, como você, que muitas dessas obras lembram bate-papos ao redor da fogueira, em que comentários paralelos podem surgir, bem como parênteses de fala para explicações de contextos históricos ou geográficos, e assim por diante, registrando as marcas próprias da oralidade, cuja autoria é coletiva. Aqui vale registrar o surgimento da autoria com o romantismo alemão entre os séculos XVII e XVIII.[7]

Alcione: Como se pode ver, o movimento de transposição ocorrido na época do oral/coletivo para o impresso/autoral continua se repetindo, não é?

Sueli: Com certeza. E muito disso se viu acontecer incialmente com a literatura africana e de afrodescendentes e hoje – com muita

---

[6] Desnecessário aprofundar essa questão já tão bem trabalhada por vários estudiosos da literatura infantil, principalmente por Leonardo Arroyo, Nelly Novaes Coelho, Regina Zilberman e Marisa Lajolo.

[7] Conforme FOUCAULT (1992).

força – no que começamos a denominar literatura indígena, conforme você mesma afirma em sua dissertação de mestrado.[8]

Alcione: Para melhor vivenciarmos a literatura indígena, acredito que devemos entrar nela mesma, iniciando com o pai dessa vertente literária no Brasil, Daniel Munduruku, que, além de ter inúmeras obras publicadas, é um dos nomes mais expressivos da luta pela preservação e pela divulgação da cultura de seu povo.

Sueli: Podemos iniciar, então, com o livro bilíngue *Kapusu Aco'i Juk* (*Parece que foi ontem*), no qual ele fala de momentos vividos junto de seu povo, em especial daqueles em que participava da grande roda, no meio da qual um velho contava histórias, conforme a epígrafe que abre este capítulo. O autor conta nesse livro sua relação com sua cultura através de fios que ele vai puxando, ao trazer à tona suas memórias de menino. Acionado pela saudade, ele rememora momentos de silêncio, outros de bater de pés sincronizados, acompanhados ou não pelo canto do contador, que os unia, conforme ele poeticamente descreve: "o tempo passa pequeno, sem pressa. Ninguém desiste. Nesse momento somos hummmmmm" (MUNDURUKU, 2006, p.10).

Alcione: Essa unidade, da qual ele vai falar em muitas de suas obras, é enfatizada e enriquecida aqui por Mauricio Negro[9] em suas ilustrações. Numa imagem que lembra uma mandala,[10] ele apresenta um grande círculo com os homens como que em movimento, seguido por um outro menor, formado por animais terrestres, voadores e roedores, que se fecham em torno de um espaço que lembra uma árvore, ou um lago, recheado de peixes, remetendo também às partes do corpo humano. Ou seja, tudo está em tudo, conforme a crença dos povos, cuja sabedoria ancestral sabia que isso acontece graças à rede de conexões que se forma entre todos. Veja-se:

---

[8] PAULI (2010).

[9] Artista plástico que se dedica à arte de ilustrar e projetar livros que remetem e tratam de diversas etnias.

[10] Segundo a Wikipédia, "mandala" é a palavra sânscrita que significa círculo ou "aquilo que circunda um centro". É uma representação geométrica da dinâmica relação entre o homem e o cosmo. De fato, toda mandala é a exposição plástica e visual do retorno à unidade pela delimitação de um espaço sagrado e pela atualização de um tempo divino. Disponível em: <http://pt.wikipedia.org/wiki/Mandala>. Acesso em: 5 fev. 2014.

Fonte: MUNDURUKU, 2006, p. 11.

Sueli: Demonstrar essas questões a nossos alunos, sejam eles da idade que for, é trabalhar nossa responsabilidade no mundo e em seu funcionamento. Afinal, basta que um ser acima se mova para que toda a mandala esteja diferente. Nossa civilização, tão amparada que está na ciência, esquece de nos apontar a importância que exercemos – cada um a seu modo – no movimento do universo. Isso se vê muito bem no filme *Avatar*, de James Cameron. Nele, os aborígenes reconhecem e exercem seu papel fundamental nas redes energéticas, numa compreensão clara de sua unicidade dentro da totalidade, que, por sua vez, também é una. Você não quer nos falar um pouco da relação que esse filme pode ter com o pensamento indígena?

Alcione: Como professora, sempre que apresento a literatura indígena inicio o rito da aula com a leitura de *Kapusu Aco'i Juk* (*Parece que foi ontem*), e então questiono: o que essa narrativa nos faz lembrar? Quais outros textos escritos/falados temos em nosso repertório com que podemos estabelecer paralelos? Em quais outras obras de arte que conhecemos há a reflexão de que tudo está ligado? As respostas são centenas, cada um complementa a leitura do livro com as suas. Assim, formamos uma grande "rede" de histórias interligadas com *Kapusu Aco'i Juk* (*Parece que foi ontem*). Nesse diálogo gosto sempre de lembrar o filme híbrido *Avatar*. Pois, nesse jogo de memória de ontem – hoje – amanhã, o filme é mágico, é uma história de ficção científica que se passa em 2154 e que reflete o ser humano e o caos que se estabelece pela falta de respeito com a natureza. A solução para o conflito é justamente buscar o elo perdido, que é o respeito com o cosmos. A natureza, aqui, é pensada com tudo: homens, seres encantados e não encantados, plantas, terra, água. Assim como Negro apresenta a mandala mencionada anteriormente.

Sueli: Creio que, para complementar essa sua fala, seria interessante colocar uma imagem que considero profundamente simbólica no filme *Avatar* e que está em conformidade com a filosofia de muitos escritores indígenas sobre a teia da vida. Ela aparece em vários momentos, e um que podemos destacar aqui é a que representa os Na'vi reunidos para salvar a vida da cientista que pesquisa as conexões desse povo com a natureza. Vejamos:

Fonte: *Avatar* (2009).

Alcione: Essa imagem de *Avatar* reflete o quanto eles são capazes de fazer uso das forças individuais colocadas no coletivo. Esse é um aspecto que os povos ditos "civilizados" normalmente não dominam, ou até mesmo desconhecem. Os povos ancestrais, de alguma forma, detinham esse tipo de conhecimento.

Sueli: Não esquecendo que uma boa obra sempre nos leva a outra obra, e como uma história puxa outra, como uma fala leva a outra, lembrei-me do livro *A palavra do grande chefe: uma adaptação livre, poética e ilustrada do discurso do Chefe Seattle*, que reflete essa mesma filosofia.

Alcione: Essa obra, construída de forma poética, verbal e visualmente, é revisitada por dois grandes artistas, que intercalam o discurso do Chefe Seattle com impressões, sugestões e olhares seus, ajudando o leitor a perceber seus significados maiores. Ou seja, o discurso, além das intervenções textuais de Munduruku, vem acompanhado de imagens visuais profundamente representativas, como a que se vê a seguir:

Fonte: MUNDURUKU, 2008, p. 10-11.

Vejo esse livro como uma obra-prima que deve ser vista e lida em sala de aula, para que os alunos possam viver a experiência de sentir o conhecimento ancestral. Nesse discurso, proferido em 1786, que continua atualíssimo em suas assertivas, o que se evidencia é o poder da palavra tratada como elemento sagrado na adaptação livre de Munduruku e Negro.

Sueli: A imagem aqui em destaque de Mauricio Negro, por exemplo, encontra-se nas páginas 10 e 11 do livro em questão, embora ela venha sendo trabalhada desde a capa, que, ao se abrir, abre também o rosto de quem fala, antes representado com olhos e boca fechados. Essa representação, ao continuar expandindo ainda mais a face do falante, sugere ao leitor um ser multifacetado que não precisaria obrigatoriamente pertencer à mesma etnia do Chefe Seattle. Ela, então, uma vez aberta, como se fosse um oráculo ao discursar, profetiza muito do que se vive no mundo hoje, principalmente no que se refere à relação do homem com a natureza.

Alcione: Da boca do oráculo saem muitos elementos. Há a presença de penas, lembrando o ar e as aves coloridas; de sementes, remetendo à comida e à terra; de peixe e de conchas, indicando a água e sua fonte vital. Debaixo da carranca, na parte inferior, encontra-se uma trama tecida indicando a interferência humana na natureza. E, na parte superior, uma espécie de painel lembrando um papel reciclado, papiro ou tecido natural de algodão.

Sueli: De novo o fazer humano a partir de elementos naturais. É a rede que mais uma vez se evidencia, lembrando do vínculo do homem com a terra à qual pertence. São palavras do Chefe Seattle:

> Tudo está ligado. O Grande Chefe de Washington deverá ensinar aos seus filhos que sob seus pés estão as cinzas dos nossos avós. Para que tenham respeito pela terra, diga a seus filhos o que temos ensinado aos nossos: que a terra é nossa mãe. E que tudo que a fere fere seus filhos. Quando um homem cospe no chão, cospe em si mesmo.
> – A terra não pertence ao homem. O homem à terra pertence. E tudo está interligado, como um sangue que une uma família. O que atinge a terra atinge os filhos da terra. Pois não foi o homem que teceu a trama da vida. Ao contrário, por ela foi tecido. E o que fizer à trama fará a si próprio (MUNDURUKU, 2008, p. 24).

Alcione: Também a autora Sulamy Katy, no livro *Nós somos só filhos*, realiza um exercício de constatação e um mergulho no sentimento de nosso pertencimento à terra em que vivemos. Sua escrita poética fala dos indígenas e de como os povos se relacionam com o cosmos. A autora chama a atenção para a responsabilidade de sermos só filhos desse mundo. Os elementos terra, ar, fogo, água, fauna e flora fazem parte da discussão com a função de intensificar a ideia de que somos um ponto que se liga a outro.

Sueli: Essa ideia está representada na imagem de uma espécie de esteira que abre o livro, ao lado do seu título. Essa esteira ou tapete trançada com fibras mais uma vez reforça a ideia de que somos fios que se entrelaçam para formar a grande teia humana que não se desvincula de todos os elementos naturais circundantes. Observe-se na reprodução a seguir como – não gratuitamente – Mauricio Negro a constrói de modo que quatro pirâmides se encontrem num único ponto. São as quatro forças que foram poeticamente apontadas por Sulamy Katy, reforçando nosso pertencimento aos elementos água, ar, fogo e terra. Como muito bem ela afirma, "nós somos só filhos", e, como tais, parte integrante da grande energia que se nutre e se expande através de seus cruzamentos.

Fonte: KATY, 2011, p. 6.

Alcione: Tratar das relações de tudo com tudo ao ponto de interligá-las a partir de um olho d'água é o belíssimo trabalho que Roni Wasiry Guará, indígena do povo Maraguá, realiza com a obra *Olho d'água: o caminho dos sonhos* (2012). O livro é vencedor do 8º Concurso Tamoios de Textos de Escritores Indígenas, organizado pela Fundação Nacional do Livro Infantil Juvenil (FNLIJ), e é acompanhado de delicadas ilustrações de Walther Moreira Santos.

Sueli: O autor nos apresenta uma obra que continua a discussão em torno do nosso pertencimento ao todo, simbolizado mais uma vez pela ideia da teia, bem como da importância dos mitos e ritos para a busca do autoconhecimento. E, aqui, o fio condutor para essa malha de discussões é a água. É ela que vai dar o ritmo da narrativa, que ora relata a vida dos Maraguás, ora conta os ritos de maioridade e de casamento, demonstrando claramente que a forma de narrar indígena flui de maneira diferente. Seu fluxo, não sendo linear, é repleto de idas e vindas, que intercalam histórias pessoais com relatos de vida do povo Maraguá e com descrições de rituais acompanhadas de ilustrações marcadamente coladas a sua cultura. Na verdade, a literatura indígena reflete sua origem. De tradição oral, seus ritos, seus mitos e suas lendas, hoje transpostos para a escrita, mesclam-se com o livre pensar do contador. Daí sentirmos, quando lemos a maioria das escrituras indígenas, um calorzinho próprio das fogueiras, vizinhas às quais nossos ancestrais contavam suas histórias.

Alcione: Nesse movimento de remontar à ancestralidade, a autora Marilda Castanha, no livro *Pindorama: terra das palmeiras*, produz uma obra com palavras em forma de letras, linhas, cores e texturas que revela e oculta conhecimentos, saberes, línguas, natureza e nomes. O livro é composto pelos capítulos "Pindorama, terra das palmeiras"; "De olho na história"; "Ontem, Hoje"; "Glossário"; "A história deste livro" e "Referências". Em especial no primeiro capítulo, nas páginas 26 a 29, há a passagem que fala sobre o Moitará, evento indígena que consiste em um troca-troca, no qual cada um traz o que tem e troca pelo que precisa, como comida, objetos de ornamentação, utensílios domésticos, cestos... A troca oportuniza a ressignificação dos sentidos até ali atribuídos aos objetos escolhidos. "Desse jeito, divisão e soma andam juntas" (CASTANHA, 2007, p. 27).

Sueli: Eu diria que ao contatar com os objetos envolvidos no ritual da troca, mais do que avaliá-los, processa-se uma troca de conhecimentos pessoais: ao saber das escolhas de cada um, acontece um contato mais próximo do proprietário consigo mesmo, ao entender por que quer se desfazer de uma coisa para adquirir outra. Do mesmo modo, passam os envolvidos a conhecer melhor o outro, graças ao mesmo processo vivido ali. Na verdade, como diz você, uma grande teia energética se forma ao se estabelecer a negociação, mediada pelo conhecimento de cada procura e de cada oferta.

Alcione: Vejo que a imagem criada pela autora para ilustrar esse processo dá a dimensão clara do que um ritual aparentemente tão despretensioso pode sugerir.

Sueli: Não tenho dúvida de que a escola poderá, e muito, enriquecer o olhar dos alunos acerca dessas culturas, através da discussão de seu modo de vida e de suas atitudes diferenciadas, embora com bases muitas vezes comuns, percebendo o quanto foi e continua sendo redutor considerar os indígenas como um povo único e sem marcas étnicas e, consequentemente, culturais, linguísticas e éticas. Outro aspecto que pode e deve ser explorado é a riqueza com que essas obras têm sido recheadas de imagens profundamente significativas, que devem ser lidas em sua amplitude: qualidade, cores, traços, significados, intenções.[11] Veja-se, por exemplo, o quanto Marilda Castanha vai além da palavra ao recriá-la e confrontá-la com uma das imagens mais recorrentes (uma serpente em espiral)[12] de toda a literatura indígena ou de temática indígena presente no mercado editorial hoje.

Fonte: CASTANHA, 2007, p. 28-29.

---

[11] Para os interessados em se aprofundar nas questões pertinentes à cultura visual, aconselha-se a leitura de livros como OLIVEIRA (2008), RODRIGUES (2012) e WALTY; FONSECA; CURY (2001).

[12] Como poderá ser visto nas páginas 28 e 29.

Alcione: As obras aqui exploradas – *Kapusu Aco'i Juk (Parece que foi ontem), Avatar, A palavra do Grande Chefe, Nós somos só filhos, Olho d'água* e *Pindorama* – são produções que foram construídas em tempos, lugares, etnias, linguagens e línguas diferentes. A conexão entre elas passa pelo sentimento de coletividade, pelo respeito ao cosmos e pela ideia de pertencimento à terra. Possibilitar a discussão dessas obras em sala de aula contribuirá significativamente para a ressignificação dos olhares sobre o conhecimento dos povos ancestrais e para o entendimento de quem são os indígenas, onde estão, que línguas falam e onde vivem, pois as próprias obras contextualizam muitos desses dados.

Confrontando mitos
e recriando a teia

> Há muito tempo, quando nada existia no mundo, também
> não existia a noite. Daí não se contava histórias. Quem
> conta história de dia, cria rabo de cutia. Era muito ruim
>
> SANTOS, 2006, p. 6.

Sueli: Não contar e não ouvir histórias deve ser muito ruim mesmo. Nós, humanos, somos movidos pelo ato da contação: ao narrar uma história, nós nos narramos; ao ouvi-la, nós nos ouvimos. E nada melhor que o aconchego da noite para contribuir ainda mais para esse contato da gente com a gente mesmo. Nossos irmãos indígenas sempre souberam disso.

Alcione: Hoje muitas das narrativas que se ouviam ao pé da fogueira estão sendo transportadas para os livros. Que procedimentos, entre os mais expressivos, têm contribuído para esse acontecimento?

Sueli: Nossos dias têm sido bastante marcados por narrativas que, uma vez conservadas pela oralidade, vêm sendo retomadas e parafraseadas ou parodiadas por diferentes escritores, essencialmente no campo da chamada literatura infantil juvenil. Além disso, os livros que resultam dessas recolhas, recriações e informações relativas à cultura e à arte indígena têm sido enriquecidos por uma linguagem visual bastante diferenciada, o que tem contribuído para uma aproximação maior do leitor com o mundo ao qual essas histórias pertencem.

Alcione: Acredito que, por vivermos em um mundo em que o descartável tomou lugar e vez, começamos a nos ressentir com a falta de aprofundamento de certas questões, principalmente aquelas que falam da humanidade ou que nos lembram de que somos frágeis e de que precisamos de histórias para nos encontrar.

Sueli: É, a memória sempre foi soberana ao nos dar o sentido de pertencimento a um grupo ou espaço, ao garantir nossa identidade, dizendo-nos, a partir de nossas raízes, que podem ser rememoradas, *quem somos* e *como somos*. Esse é, sem dúvida, o aspecto mais relevante das narrativas ancestrais, que, hoje postas em livro, colocam-nos diante de mitos que, ao explicarem a origem das coisas e dos seres, justificam nosso estar no mundo.

Alcione: Quando nos deparamos, hoje, com jovens que, em função do excesso do que lhes é oferecido, descartam quase tudo daquilo que colhem ou ganham, percebemos a importância da memória dos mitos, dos ritos e das narrativas, de modo geral, em seu cotidiano. Mas, afinal, por que, na verdade, os mitos ainda são tão importantes?

Sueli: O mito sempre esteve na base das grandes narrativas literárias, pois são eles que se debruçam (como a própria literatura e a arte, de modo geral) sobre os grandes mistérios que circundam o homem e sua condição, mistérios que – embora tantos ciclos e etapas tenham sido vividos pela humanidade – permaneceram em seu imutável segredo. Daí precisarmos de mitos e ritos que, de forma metafórica, falem-nos de nossas passagens, de nossos desejos, de nossa finitude, de nossa relação com a natureza, amenizando nossa ansiedade quando o inexplicável bate a nossa porta.

Alcione: Ao querer explicar os segredos, abre-se um campo repleto de possibilidades e caminhos. Entre os povos indígenas, há muitas histórias de como as coisas surgiram, os chamados mitos de origem. O que você acha de continuarmos essa conversa comentando esses mitos hoje também contados em livros?

Sueli: Acho uma ideia muito interessante. Que tal começarmos por um dos mitos mais conhecidos e parafraseados por diferentes autores, a história da criação do dia e da noite? Afinal, cada povo encontra seu modo de dar sentido à existência das coisas, não só para melhor compreendê-las, como também para se inserir nesse universo, sentindo-se parte dele. Como o surgimento da noite, por exemplo. Ela está aí em nós e por nós, e entender isso é saber também respeitá-la, respeitando-se. Você não conhece, Alcione, esse mito?

Alcione: Uma das versões mais antigas publicadas do mito do dia e da noite de que temos conhecimento foi transcrita pelo autor Rui de Oliveira, em 2001. Trata-se de um texto que é resultado da adaptação do filme com o mesmo nome, do mesmo autor. Rui realiza um relato interessante sobre a cultura do povo Karajá, narrando esse mito de criação com imagens e palavras. No texto verbal, o que ele conta, sinteticamente, é que no princípio não havia noite para dormir.

Sueli: O que acho bonito nesse mito Karajá é a força do amor que se encontra por trás dessa criação. Esse é um exemplo claro da teia na qual estamos inseridos e que a cultura indígena tão bem aponta, chamando os ocidentais a olharem o mundo e tudo que o compõe com outros olhos. No reconto de Rui, percebe-se que, mobilizada pelo amor, a índia Tuilá vai à busca da noite para ajudar o marido sonolento a dormir. Este, no entanto, com ela em mãos (dentro do caroço de tucumã), novamente vai precisar da ajuda da esposa, pois, liberando-a antes da hora, transforma tudo em escuridão. Além da força do amor, o mito aponta também para a força criadora feminina, que separa, então, o dia da noite, criando do barro o pássaro cajubi, que com o seu canto anuncia a separação dos dois. Eis a teia! Como consequência dos atos aqui relatados, "Os dois enamorados, Aruana e Tuilá, sob a proteção da noite e das estrelas, puderam então se encontrar, dormir e ter muitos filhos" (OLIVEIRA, 2001, p. 28). E como tudo está ligado, o resultado dessa união, se faz presente, pois "[...] assim, a tribo dos Karajá começou a ser povoada" (OLIVEIRA, 2001, p. 28). Vejo aqui, Alcione, a possibilidade de os professores explorarem essa concepção de mundo dos indígenas levando para sala de aula discussões que contemplem pontos de vista desses povos, em vez de apresentar os modelos estereotipados com a qual a escola já se habituou. Nessa linha, acredito que você poderia falar um pouco das ilustrações presentes no livro de Rui de Oliveira.

Alcione: As cores, os traços, as formas e as texturas expressas nas páginas do livro contam partes do mito, complementando o que foi narrado pela linguagem verbal. Um exemplo pode ser encontrado nas páginas 26 e 27, em que Tuilá faz uma dança acompanhada do chocalho, e seu movimento é compreendido pelos pés, que alternadamente pisam e dançam no ar, em uma sequência de seis imagens que aparentemente são iguais. E o movimento se concretiza na página seguinte, com a criação do pássaro cajubi.

Fonte: OLIVEIRA, 2001, p. 26.

Fonte: OLIVEIRA, 2001, p. 27.

Sueli: Ao contar esse mito Karajá, Rui de Oliveira, usando o recurso do hibridismo, tão comum em nossos dias, congela no tempo a atualização mítica que ele faz, através da palavra e da imagem, da criação da noite. São pontos de vista seus que estão ali a enriquecer o que a oralidade consagrou. Com Oliveira, a riqueza acontece nos dois planos, e um, ao dialogar com o outro, o complementa. Exemplo claro é o da imagem anterior, em que – sem falar literalmente da importância do rito para a efetivação e a permanente revitalização do mito – o autor coloca Tuilá dançando com o chocalho nas mãos para dar vida ao pássaro que passaria a anunciar a noite e fechar o dia. Ou seja, ao processar o rito, Tuilá concretiza o mito.

Alcione: Com essa fala, Sueli, você quer dizer que o mito não existe sem o rito?

Sueli: Com certeza. O rito é a única forma de mantermos vivos os mitos. E isso as sociedades ancestrais faziam muito bem. Os ritos de iniciação, de celebração, de despedida, por exemplo, aparecem em muitas das narrativas que vamos trabalhar daqui para frente. Acredito que o melhor que podemos fazer agora é trazer um novo conto de origem da noite para – em confronto com esse primeiro – analisarmos suas variantes, percebendo qual é o rito que, em outra cultura, vem efetivar e renovar o mito.

Alcione: Recolhido e escrito por Reginaldo Prandi (2011), no livro *Contos e lendas da Amazônia*, o mito "Do caroço de tucumã escapa a noite" conta que a noite e o dia foram criados, e a boiuna, a cobra-grande, roubou e escondeu a primeira no fundo do rio. Um valente guerreiro se casa com a filha da boiuna. Logo após o casamento, o noivo sai para uma guerra e no retorno quer levar a mulher para rede, mas ela se nega a se deitar com ele. E assim acontece por mais três vezes seguidas. Até que o marido, quase perdendo o juízo, pergunta o porquê. A mulher explica que ela aguarda a noite e que sabe que sua mãe, boiuna, a esconde no fundo rio. O marido decide libertá-la, então. Reúne os guerreiros e sai com eles disposto a tudo. Antes da partida, a mulher lhe entrega um muiraquitã de jade em forma de tartaruga (o qual seria o seu amuleto). Ao chegar ao rio, a boiuna emerge e conversa com o guerreiro, trocando a noite pelo talismã que ele havia recebido da mulher. A única advertência recebida é que o caroço de tucumã só poderia ser aberto em casa. Curiosos demais, os homens que acompanham o guerreiro abrem o caroço, liberando a noite e com ela todas as suas dificuldades e os seres que a habitam. Os amigos do guerreiro se transformam em macacos. Chegando à aldeia, o marido pode dormir na rede com sua mulher, mas o escuro havia chegado para ficar. Dessa forma, o marido se cansa, e a mulher entristece. Então, com folhas da natureza, a mulher cria o pássaro cajubi, que cantará para amanhecer, e o pássaro inhambu, que cantará para anoitecer, separando diariamente a luz das trevas, e vice-versa.

Sueli: Pois é, o interessante nesse relato são as variantes que dão novo tom a esse mito de criação. Aqui, por exemplo, o esposo pode dormir com a mulher antes de a separação ocorrer. Então, como a escuridão não terminava mais, "o guerreiro se cansou da noite, se cansou da rede, se cansou da mulher e entristeceu. Afinal, ele queria voltar a fazer a guerra, e para guerrear precisava da luz do sol, precisava do dia" (PRANDI, 2011, p. 30). Também aqui será a força criadora feminina que modificará a situação: a mulher, ao "querer ver de novo o sorriso no rosto do marido" (PRANDI, 2011, p. 30), transforma duas folhas nos pássaros cajubi e inhambu. Eis o rito: ela pinta uma folha de branco e vermelho, com tabatinga e urucum, que representa o dia, e outra com tinta de jenipapo, representando a noite. Lembrando o mito bíblico da criação do homem, ela sopra a folha branca, criando o cujubim, e a folha escura, criando o inhambu. "Desde então, o cujubim e o inhambu se revezam no seu canto e sinalizam para que a noite e o dia se mostrem um depois do outro, cada um no seu tempo, cada um no seu lugar" (PRANDI, 2011, p. 31).

Alcione: Outra dessas versões, recontada por Vera do Val, é *A criação da noite*. A autora não identifica o povo ao qual pertence o conto, no entanto muitas são as invariantes presentes nele em relação aos outros dois aqui apresentados. Elementos como a inexistência da noite, a não possibilidade de o marido dormir com a mulher, que também era filha da boiuna, a força feminina na resolução do problema e a presença guardiã do caroço de tucumã, que deve ser entregue apenas para a esposa, são alguns exemplos. O que varia na história é que a boiuna, mais maternal que as anteriores, não faz troca com o guerreiro: apenas lhe atende o pedido para que a filha possa ser feliz no casamento. Como nos relatos anteriores, os indígenas que acompanhavam o marido abrem o caroço antes da hora, liberando a escuridão. Finalmente o casal pode dormir junto e ser feliz. A diferença daqui para frente está no gesto da mulher para efetivar o mito, separando o dia da noite. Como você, Sueli, vê o ritual processado por ela?

Sueli: Por se tratar de um mito de criação, o momento novo vem acompanhado do rito que o efetiva, fazendo-nos lembrar de imediato da linguagem bíblica do Gênesis. A criação em ambos se dá, principalmente, via palavra. Veja-se o que faz a indígena:

> Pegou dois fios, enrolou o primeiro, pintou-o de branco e disse:
> – Tu serás o cujubim e cantarás sempre que a manhã estiver chegando – e soltou o fio que, transformado em pássaro, saiu voando.
> Pegou o outro fio, tingiu-o com preto de jenipapo, dizendo:
> – Tu serás a coruja e cantarás a noite toda – então, soltou o fio e a coruja voou.
> Depois disso cada pássaro passou a cantar na sua vez e a noite separou-se do dia (VAL, 2008, p. 19)

Alcione: A palavra é a que institui os acontecimentos da noite, não é? E essa ação é percebida na imagem de Geraldo Valério, na qual – simbolicamente – a palavra está presente na imagem da boiuna, principalmente na boca, de onde sai um balão, como os das histórias em quadrinhos. A imagem nos diz, portanto, que é com a palavra que a noite será criada. Ela aparece no início do texto, como se fosse um prenúncio de como ela surgiria. E, ainda, a boiuna é desenhada em espiral, lembrando-nos imagens de vários povos que apresentam a ideia de mundo como sendo circular, em que as ações se repetem de tempos em tempos e sempre com cenários diferentes.

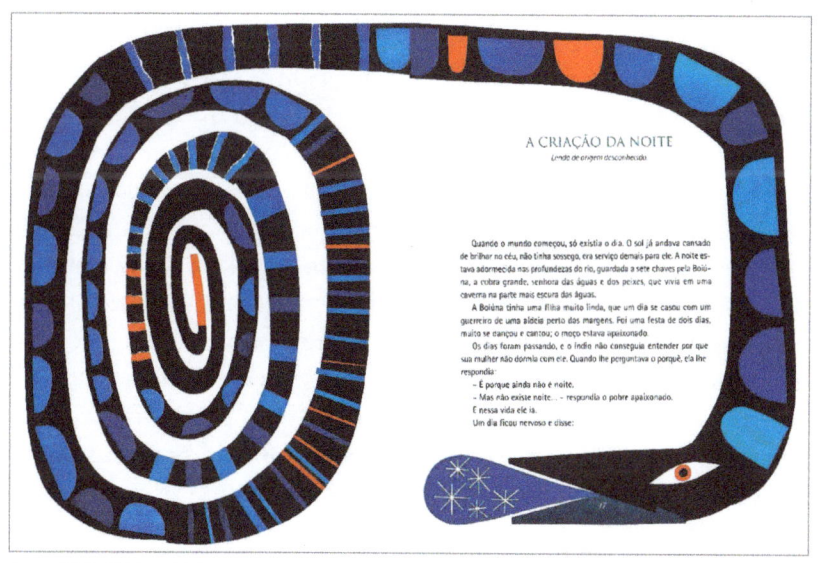

Fonte: VAL, 2008, p. 16-17.

Sueli: A ideia da circularidade esteve sempre muito presente nas narrativas ancestrais, lembrando que tudo é um eterno repetir-se, mesmo que com novo figurino. A cada rito, o mito não somente se repete, como também se renova, daí a ideia de espiral, e não apenas de círculo. Fazendo um contraponto com os mitos e ritos ocidentais, por exemplo, um bastante pontual é o momento da consagração durante a missa na igreja católica. Ao apresentar o pão e o vinho, dizendo: "Tomai, todos, e comei: isto é o meu Corpo que será entregue por vós. Tomai, todos, e bebei: este é o cálice do meu Sangue, o Sangue da nova e eterna aliança, que será derramado por vós e por todos, para remissão dos pecados. Fazei isto em memória de Mim", o padre não apenas está mantendo vivo o mito da salvação, como também o está renovando através do rito. Isso, além de tudo, demonstra como a sociedade – seja ela qual for – precisa de mitos e de sua constante ritualização para se sentir viva e parte integrante da teia formada pela humanidade, independentemente da crença que a norteia.

Alcione: As múltiplas explicações de como a noite surgiu são cheias de sensibilidade, magia e mistério. Na obra *O livro das cobras*, de Stela Barbieri, a autora apresenta o conto "Como surgiu a noite", e a explicação para sua criação. Segundo ela, a noite surgiu porque todos estavam muito cansados e brigavam por qualquer coisa. No início, em uma aldeia, vive um rapaz muito corajoso, que certa feita decide encontrar a noite. Dirige-se, então, à mãe, que é uma sábia e o instrui, dizendo que quem tem o mistério da noite são as serpentes que vivem nos buracos da escuridão. O rapaz pega seu besouro de estimação e ruma para a floresta. Chegando próximo do buraco, ele pede para o besouro voar e ver o que está acontecendo. O rapaz, com muito cuidado, acorda as cobras que surgem, de várias cores e tamanhos, e perguntam o que ele quer. Ele explica, então, seus motivos, e uma das cobras pergunta o que elas ganhariam em troca. O valente oferece o seu machado e diz que sua mãe sabe preparar venenos. As cobras gostam da troca e dizem que em sete dias prepararão uma boa noite para seu povo. Retornando à aldeia, o rapaz pede para a mãe preparar o líquido. Passados os sete dias, o veneno, que foi preparado num caldeirão com cheiro de podre, está pronto. O rapaz pega o veneno e, com o besouro, retorna ao buraco para acordar cuidadosamente as cobras. Ele diz a elas que trouxe um veneno dos bons

As cobras, por sua vez, haviam preparado uma noite cheirosa, cheia de estrelas e com sonhos bons. A cascavel entrega-lhe a noite dentro de um coco, alertando-o que terá de abri-lo no meio da aldeia, na presença de todo mundo. Se não for assim, "a noite vai ser escura, com cheiro de pum, com piado fino de pássaro da noite, cheia de morcegos e aranhas, uma noite de dar medo" (BARBIERI, 2009, p. 33). A Jararaca ainda o advertiu de que a Sucuri estava armando para pegar todo o veneno só para ela, portanto, o rapaz deveria ficar atento. No meio do caminho aparecem duas moças, que na verdade eram as sucuris disfarçadas, provocam o rapaz e o fazem quebrar o coco fora da aldeia. A primeira noite chega e não é boa. Passada a escuridão, o rapaz, cheio de arrependimento, pede a mãe para preparar outro líquido peçonhento. A mãe o faz. O garoto vai mais uma vez ao encontro das cobras e explica a armadilha na qual caiu. Elas preparam mais uma vez uma noite e, ao entregá-la, sua recomendação é de abrir o coco na aldeia junto com todo o povo. Além disso, dessa vez a noite não seria somente boa. Estava misturada: às vezes boa às vezes ruim. O rapaz imediatamente corre para a aldeia, reúne o povo e joga o coco no chão, soltando um grito de guerreiro, e dessa vez as pessoas tiveram sonhos bons.

Sueli: Aqui, nesse reconto de Stela, há a presença do número sete, que, no mundo ocidental, é um símbolo carregado de significações, levando-nos a perceber que os mundos indígena e não indígena dialogam. Da cultura indígena vemos o coco, sendo mais uma vez apresentado como o agente do mistério que guarda e transporta a noite, e o sete, uma referência ocidental, trazendo outros sentidos, como o da perfeição, o da totalidade ou de um ciclo completo e de uma renovação positiva.

Alcione: Outro livro especial, *Sehaypóri: o livro sagrado do povo Saterê-Mawé*, escrito e ilustrado por Yaguarê Yamã, é um renascer do povo Saterê-Mawé no mundo contemporâneo. A publicação é composta de histórias que buscam as respostas humanas para a existência do mundo e dos seres. Essa produção é destaque pois é escrita por um representante do povo Saterê-Mawé. O texto tem as marcas e o movimento de seu povo. Yaguarê saiu do convívio da aldeia, estudou, fez graduação em Geografia e retornou para sua gente para ser um protagonista de uma nova/velha história. Nova porque o indígena utiliza a escrita para apresentá-la a todos que queiram saber das histórias ricas e ancestrais, e velhas por lutar pela continuidade das crenças do seu povo.

Sueli: Veja que nos mitos que tratamos até aqui há sempre um herói, cuja trajetória envolve o conhecido ciclo Partida – Aventura – Retorno.[13] Esse ciclo compõe as chamadas histórias de viagem ou contos de iniciação, pois implica a *partida* de um herói para solucionar um problema, o que o leva a vivenciar uma série de *aventuras*, passando por diferentes dificuldades, tendo de superar obstáculos para – vencedor e, por isso, renovado – poder fazer seu *retorno*. E, ao fazê-lo, como todo herói, pode interferir positivamente na vida dos que o circundam.

Alcione: Esse movimento que você sintetiza no ciclo Partida – Aventura – Retorno pode se aplicar à vida cotidiana?

Sueli: Com certeza. Na verdade, muitos dos mitos, principalmente os de iniciação, são a retratação das buscas diárias e – em sua essência – eternas do ser humano pela sua autossuperação. Um exemplo que temos aqui no próprio texto é o da trajetória do escritor indígena Yaguarê Yamã. Ele é a personificação do herói que *parte* de sua aldeia para se instrumentalizar, e não se tem dúvidas de que, ao *se aventurar,* vivendo longe do seu povo, estudando em escolas não indígenas, convivendo com outros hábitos, vivenciando crenças diferentes das suas, tenha precisado superar inúmeros obstáculos para, então, *retornar,* transformado, ao convívio do seus, passando a ser o porta-voz de seu povo.

Alcione: Então você quer dizer que nossa vida é uma eterna repetição? A vida se cruza com os mitos e os ritos? Ou os mitos e os ritos se cruzam com o cotidiano das pessoas?

Sueli: Os mitos, na verdade, buscam explicar as questões que o homem não consegue entender. No caso específico que aqui estamos tratando, em que se misturam o mito da criação da noite e o mito do herói (que é alguém que voluntária ou involuntariamente passa pela invariante Partida – Aventura – Retorno), estamos identificando nosso ir e vir no mundo. Por essa razão é que os mitos são tão importantes para nós: eles nos falam de nossas passagens, de nossos movimentos, de nossas buscas, que acabam sendo os mesmos, por mais que a

---

[13] Conforme CAMPELL (1990).

humanidade caminhe. Arrisco dizer até que eles sejam consoladores, pois nos mostram que não estamos sozinhos em nossa jornada: que ela é cheia de recomeços e de superações para todos os homens de qualquer época, etnia, geografia, desejos e descobertas.

Alcione: Nas histórias que aqui discutimos, então, para a concretização do mito da noite, o herói fecha o ciclo Partida – Aventura – Retorno (tanto no plano do mito como no real). Assim como Yamã passa pelas três etapas da jornada, o herói de "A origem da noite", ou "Watyn Sa'Awy", contido na obra *Sehaypóri: o livro sagrado do povo Saterê-Mawé*, segue em sua busca da noite, que já existia depois da criação do segundo mundo,[14] mas a cobra Surukukú a havia roubado da superfície, levando-a para o fundo da terra, alegando que ela pertencia a sua mãe (Magkarú Sése – a Cobra Grande). Wasary-Pót, sabendo que a Surukukú era sua dona, resolve buscá-la para seu povo. Primeiro o herói propõe a compra da noite, negociando seu arco e suas flechas; mas a cobra não vê sentido nos objetos. Então o líder retorna em outra hora com uma liga para as pernas chamada *Nha'ãpé* (chocalho tradicional Mawé usado nas festas). Wasary amarra no rabo da cobra o chocalho, mas ela quer mais coisas. Então o herói lhe dá jenipapo, e a Surukukú se pinta, mas não lhe atende o pedido ainda. Ela pede algo de que realmente precisa. Wasary, depois de um tempo, volta até a cobra e traz venenos. A Surukukú divide o veneno entre as cobras, mas Kutimboia e Kaninana não ganham o líquido peçonhento. O herói ganha a noite, como nas outras narrativas, e a advertência é, mais vez, abrir o *pikuá* de palhas somente em casa.

Na saída da caverna, seus amigos o aguardam, e o fazem abrir a cesta antes de chegar em casa, o que os deixa assustados. Wasary é picado até morrer. O herói, no entanto, havia combinado com um grande Pajé que se ele morresse depois da noite, era para ele lhe dar um banho com ervas mágicas. Assim foi feito, e Wasary ressuscita, pega mais veneno e vai mais uma vez à caverna da cobra. Surukukú, para criar a noite grande, mistura jenipapo com imundícies. Por isso, os piores acontecimentos ocorrem durante a noite.

---

[14] Segundo o livro *Sehaypóri: o livro sagrado do povo Saterê-Mawé*, de Yaguaré Yamã, quando o primeiro mundo foi criado, a cobra Surukukú levou a noite para o fundo da terra.

Sueli: O livro no qual se encontra esse mito é uma das grandes obras produzidas por um autor indígena: suas narrativas são muito interessantes; seus títulos são bilíngues (saterê e português); as imagens, também do mesmo autor, transportam o leitor para um mundo em que o grafismo é parte integrante e reveladora; o cuidado com o projeto gráfico é apuradíssimo, e a capa é esteticamente impecável, convidando-nos a entrar num mundo em que as letras não são as únicas a falar. Você não acha que seria oportuno apresentar aqui uma das ilustrações criadas por Yaguarê?

Alcione: Não podemos deixar de falar das imagens de Yaguarê. O autor traz marcas de seu povo na escrita e na imagem. O pensamento do Saterê está nas cores e nas linhas. Podemos perceber o que estamos falando a partir da imagem a seguir. A comunicação está no grafismo, nas cores vermelho e preto que predominam em toda a obra e no movimento circular que a cobra apresenta, como também acontece na imagem de Geraldo Valério no livro *A criação do mundo e outras lendas da Amazônia*, mencionado aqui anteriormente.

Fonte: YAMÃ, 2007, p. 26-27.

Sueli: As imagens se assemelham profundamente, embora sejam de ilustradores diferentes e acompanhem diferentes versões do mesmo mito. Ambas, na verdade, a partir de suas diferenças, querem nos apontar uma mesma ideia: a da repetição dos ciclos, que não se fecham em círculos, mas se mantêm ascendentes num movimento espiral.

Alcione: Falando das semelhanças e das diferenças, vemos que a noite está sempre guardada em "cofres secretos". Nos relatos de Rui de Oliveira, Prandi, Vera do Val e Barbieri, por exemplo, ela foi transportada dentro de um coco ou de um caroço de tucumã, que é uma variação de coco, ou seja, o transporte é realizado por um elemento natural. Já no texto de Yamã, a condução da noite é realizada por um *pikuá* (cesto de palhas), ou seja, por um elemento construído socialmente.

Sueli: Coincidentemente, Lia Minápoty também apresenta um relato sobre a liberação da noite, que se encontrava guardada dentro de potes sagrados. Enquanto os autores não indígenas apresentam versões nas quais o receptáculo noturno é um elemento natural, nas dos escritores indígenas Yamã e Minápoty ele é um objeto construído pelo homem: cesto e pote, respectivamente. Acho que cabe aqui falarmos da narrativa *Com a noite veio o sono*, de Lia Minápoty, pois nela também encontramos muitos dos elementos que se repetem como nos contos anteriores.

Alcione: As ilustrações do livro, assim como a imagem da capa, a seguir, são construídas por Mauricio Negro, que ilustra o livro com leveza, estabelecendo um diálogo com Minápoty. Já na capa, o autor dá uma "piscada" do porquê do título *Com a noite veio o sono* (observe-se o formato da lua, lembrando um olho, quase dormindo ou querendo piscar, envolto pela escuridão).

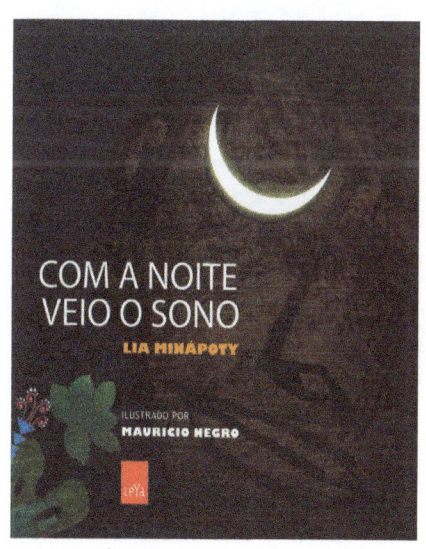

Fonte: MINÁPOTY, 2011.

Sueli: Também esse mito, como os anteriores, apresenta algumas invariantes em relação a todos os outros vistos por nós aqui. Nessa versão, escrita por uma indígena de etnia Maraguá, a escuridão inexistia. E por isso seu povo não podia dormir, sentindo-se cansado para o trabalho cotidiano. Mais uma vez, guerreiros, no papel de heróis, deverão libertar a noite para oportunizar uma vida melhor para todos. Que diferenças você pode apontar, Alcione?

Alcione: O herói primeiro precisa encontrar o lago Waruã, depois os potes brilhosos com grafismos de origem, e em seguida é necessário quebrá-los com flechadas e, então, sair correndo para que a escuridão não o alcance, pois, caso contrário, ele se transformaria em um ser encantado. Passada essa aventura, a noite chega. A trajetória do herói se repete, mas de forma diferenciada: nesse relato não há troca com outro ser, pois para obter a noite o herói deve efetuar a quebra de um artefato sagrado para que os sons noturnos se libertem. A narrativa, portanto, contém uma trajetória e cenas novas. Adiante podemos ver a imagem dos potes representados artisticamente que deverão ser destruídos.

Fonte: MINÁPOTY, 2011, p. 12-13.

Sueli: Retomando uma de nossas falas, de que, nas diferentes variações do mesmo mito, a noite se encontra em receptáculos diferentes, nesses dois últimos, mais especialmente, pode-se constatar as diferenças culturais das etnias mencionadas: Saterê e Maraguá. Isso dá oportunidade ao professor de explorar com seus alunos as diferenças artísticas e culturais, de modo geral, entre os diversos mitos aqui trabalhados, e consequentemente de grupos étnicos, corroborando o que temos tentado demonstrar desde o início: o quanto os indígenas brasileiros não formam uma massa uniforme, mas um grande conjunto de etnias, e, por isso mesmo, diferentes culturas, idiomas, dialetos, rituais, valores, posições éticas e concepções de vida e de relações.

Garimpando e comentando fontes para a sala de aula

> *Tinha vontade de ser igual meu avô, um*
> *professor de verdade que sabia ensinar*
> *com poesia e alegria.*
> MUNDURUKU, 2005, p. 57

Alcione: Sueli, a partir das discussões que fizemos até agora, o que você pode dizer da produção literária indígena no Brasil? Ela é diferenciada?

Sueli: A literatura indígena brasileira, embora ainda com um número reduzido de títulos, já é bastante significativa, se considerarmos o pequeno espaço de tempo entre o início de sua produção e os dias de hoje. Como se sabe, essa literatura é tradicionalmente oral, e pode-se dizer que há mais ou menos uma década é que vem sendo produzida como escritura.

Alcione: Como é essa produção? Qual é a sua peculiaridade? O que você pode apontar como algo diferencial em sua feitura?

Sueli: Uma das características mais marcantes dessa literatura é que, sendo oriunda da oralidade, ela não apresenta uma estrutura linear, como nossos olhos ocidentalizados estão acostumados a ler. Sua narrativa, acompanhando o fluxo de pensamento do narrador, ora conta uma história, ora posiciona o leitor acerca de peculiaridades da cultura que está sendo tratada, ora nos faz conhecer um pouco da vida do autor e de sua comunidade; outras vezes nos situa geográfica, histórica e/ou linguisticamente acerca do mundo étnico ao qual pertence aquele que narra.

Alcione: Por esses procedimentos, é um tanto desafiador selecionar e apresentar a arte produzida pelos indígenas em sala de aula. Acredito que aqui poderemos apontar algumas obras dessa cultura milenar. Que livro você indica para mostrar a singularidade desse novo movimento literário?

Sueli: Não tenho dúvidas aqui em dizer que a obra mais marcada por essas questões que apontamos é *Antologia de contos indígenas de ensinamento: tempo de histórias*, de Daniel Munduruku, publicado em 2005. O autor inicia o livro contando sua história como professor e toda a saga vivida por ele ao deixar a escola e precisar prestar contas a seus alunos, já, então, profundamente cativados por seu modo de ensinar e de enxergar a vida. Como todo contador de histórias, Munduruku conta essa e outras tantas situações em que seus sentimentos, suas emoções e seus conflitos se viram misturados: sua relação com o avô (aparentemente seu guru maior), suas vivências com outros curumins adolescentes, suas passagens, suas descobertas, sempre amparadas por boas e explicativas lendas ou mitos de seu povo, e as lições dadas e aprendidas com seus alunos.

Alcione: Essa obra do Daniel é um jogo de memória no qual uma história lembra e leva a outra. E, seguindo essa trilha, o autor Roni Wasiry Guará, com a obra *Olho d'água: o caminho dos sonhos*, também realiza um percurso semelhante, em que o movimento da água, do vento, das luas e das cantigas traz, leva e conta histórias, mitos e fatos vividos, tudo encadeado. No início do livro, o autor apresenta um poema que reflete a forma como os povos das florestas se constroem. Os versos iniciais dizem: "Pessoas e animais nascem com/o livre arbítrio de ir onde quiserem,/não importando o que irão fazer" (GUARÁ, 2012, p. 5).

Sueli: Esse livro, como tantos outros escritos por autores indígenas, além das histórias que conta, conta para o leitor, principalmente, o jeito de narrar desses povos. E, ao fazê-lo, deixa claro o modo do pensar indígena e, consequentemente, sua maneira peculiar de estar no mundo, que é a de estar em sintonia com um universo no qual tudo está associado, reforçando a unicidade dentro da diversidade. Obra semelhante é *Ipaty, o curumim da selva*, de Ely Macuxi. Também ele apresenta um texto não linear e que merece ser referendado. Você não quer nos falar um pouco a respeito dele?

Alcione: O autor, Ely, na obra *Ipaty*, apresenta a nação Macuxi, que vive no estado de Roraima, próximo à Venezuela. O texto inicia com a história de origem de sua nação, e a narrativa é encadeada por diversos enredos, os quais são conectados pelo diálogo entre os personagens Tauã e Ipaty. E o diálogo é inserido muito naturalmente, pois o livro contém 29 páginas, e o segundo personagem torna-se visível apenas na página 14. Sua aparição no texto é assim: "Certo dia, estava com fome, sedento por um animal de carne vermelha, e convidei um amigo: – Tauã, vamos caçar porco-do-mato?" . Ou seja, o amigo entra na história e pronto, como numa roda de conversa que alguém escuta a história e resolve participar. A peripécia vivida pelos jovens nessa passagem do porco-do-mato é intensa, pois os meninos entram na mata com ares de experientes caçadores, e, ao encontrarem o bicho, dão com um grupo de porcos, gerando um conflito, pois de caçadores os curumins passaram a ser as presas: fugiram e tiveram de ser muito astutos para superar a força animal.

Sueli: A imagem que aparece nessa passagem enfatiza a coragem, o susto e o pensamento dos curumins vividos no exato momento em que eles se deparam com a violência dos bichos. Veja-se:

Fonte: MACUXI, 2010, p. 15-16.

Alcione: Na passagem em que Ipaty e Tauã estavam refugiados em cima da árvore, por causa do ataque dos porcos, Ipaty arquiteta um plano para se livrar de um dos porcos que insistiu na emboscada. Ele pede primeiro para seu amigo descer e correr do bicho, assim ele poderia buscar a ajuda de um adulto, mas Tauã não teve coragem. Ipaty inverte a ideia, e seu companheiro vai em disparada para aldeia na busca de auxílio. Quando o pai de Ipaty chega para o salvamento, o curumim que ficou já tinha dominado a situação e se encontra comendo um pedaço de carne. Desse modo, todos se divertem, dão boas gargalhadas e comem juntos o porco que desafiou um curumim e acabou na fogueira. Esse é o grande movimento em que todos estão sempre compartilhando aprendizagens, alegrias e comida. Um texto que conta muitas histórias misturadas.

Sueli: Voltando à imagem, percebe-se que a energia circulante é simbolizada pelo colar que circunda o pescoço do menino, e seus olhos são apresentados em forma de dois guerreiros. Mais uma vez percebemos as energias representadas de forma circular, ou seja, enfatizando a ideia de que tudo está conectado e em contínuo movimento: no menino, a força do animal se vê nos colares (um de dentes e outro de porcos-do-mato), e a força guerreira de seu povo, em seus olhos. Afinal, elas nada mais são do que forças que se confrontam, mas que também se complementam, porque interligadas.

Alcione: O interessante das narrativas indígenas são as aprendizagens que ocorrem de forma natural. O menino que supera o desafio de dominar a mata e seus mistérios; o entendimento de que pedir ajuda, às vezes, é o melhor a ser feito; o adulto que, ao ver a transformação da situação de perigo sendo contornada, alegra-se e vive a comemoração junto com os meninos, que estão num processo de crescimento intelectual e emocional.

Sueli: Nesse ciclo de percebermos internamente as delicadezas de cada nação ao explicar os inícios, fins, nascimentos e relacionamentos, uma das obras que trata do casamento amoroso é *Guaynê derrota a cobra grande: uma história indígena*, de Tiago Hakiy, obra vencedora do 9º Concurso Tamoios de Textos de Escritores Indígenas, organizado pelo Inbrapi, em parceria com a FNLIJ.

Alcione: Bem lembrado, Sueli, Tiago escreve namorando com as palavras. Ele conta um mito do povo Mawé, o da perigosa cobra Moi, que habita o rio Andirá, e do indígena Guaynê, que desafia, vence e ganha o respeito do velho pajé. O enredo tem a forma narrativa como a de um conto de fadas. Há um início que nos leva a um "Era uma vez...", um conflito no qual a personagem Tainá, admirada por todos, é engolida pela maligna Moi (como acontece em Chapeuzinho Vermelho). Guaynê, valentemente, utiliza-se de suas habilidades de guerreiro com sua boa pontaria, furando os olhos da cobra. Em seguida, penetra o interior do bicho, indo até seu coração e matando o assustador monstro. Ao chegar ao estômago, salva sua amada, e esse feito lhe dá o direito de ter o consentimento para se casar com a linda Tainá. O fim remete ao sempre bem-vindo "E foram felizes para sempre". Que outra história, Sueli, você lembra que enfoca múltiplas situações?

Sueli: Muitas são as obras indígenas – eu ousaria dizer, a maioria delas – que não ficam centradas numa única intenção, numa mesma moralidade, num único mote. Um dos mais belos livros de escritura indígena, do meu ponto de vista, vale dizer, é *A origem do beija-flor*, de Yaguarê Yamã. Nele, quando o autor reconta o mito de origem desse pássaro, ao mesmo tempo fala poeticamente a respeito da morte e da força feminina, principalmente quando se trata da força materna.

Alcione: Essa versatilidade encontrada nas narrativas indígenas é bastante peculiar, dando-nos a possibilidade de propor que em sala de aula se discuta a diversidade cultural sob muitos pontos de vista. Na obra *A origem do beija-flor*, por exemplo, pode-se discutir como cada povo entende e explica a morte. É possível organizar um quadro listando algumas culturas e apontando as formas como cada povo enfrenta o fim da vida.

Sueli: Esse quadro é uma ideia interessante, Alcione, uma vez que dá ao aluno a oportunidade de – no confronto – não só relativizar a ideia da morte, como também buscar endossar, ampliar ou redimensionar suas próprias crenças. Vale reforçar aqui, inclusive, que nós, ocidentais, temos muito a aprender com esses nossos ancestrais, uma vez que nossa cultura tudo faz para negar a morte, sofrendo pela perda da juventude. Com isso, vivemos outro agravante: o de não desfrutarmos da sabedoria do velho.

Alcione: Sobre a sabedoria do velho, ela é um elemento comum em alguns textos de Daniel Munduruku. Sente-se sua presença nos livros *Parece que foi ontem*, *Tempo de história* e *Um estranho sonho de futuro*, em passagens que valorizam o saber das pessoas que já viveram mais e que sabem mais do mundo e da natureza. As obras da literatura indígena são cheias de ensinamentos, como expressa Munduruku: "Os velhos são sábios. Sábios não porque ensinam através das palavras, mas porque sabem silenciar e no silêncio mora a sabedoria" (MUNDURUKU, 2006, p. 14). Inspirar em sala de aula o olhar para o movimento de escutar e respeitar o saber das pessoas que já viveram mais e que sabem mais em tempos atuais é desafiador, pois nossa sociedade vem caminhando no sentido contrário. Talvez propor a escuta de textos como os que citamos aqui venha a contribuir para um diálogo que valorize e chame para o centro das rodas de conversa na escola o velho e suas histórias.

Sueli: Contrapor essas obras é conduzir tanto para a temática em questão como para o ato de ler de forma mais ampla e aprofundada, pois ao mesmo assunto o autor se volta de maneiras diferentes e com intenções diversas também. Uma atividade interessante na escola pode ser o confronto entre essas obras do autor da nação Munduruku e a do escritor não indígena Werner Zotz. Em *Apenas um curumim*, Zotz narra a história de iniciação de um menino indígena, já quase ocidentalizado, por um velho pajé, incumbido de salvar o último remanescente de uma nação esfacelada pelos brancos. Durante as conversas entre o menino e o velho, pode-se ver a importância de sabermos aprender, ou melhor, de nos deixarmos conduzir por quem já abriu algumas trilhas, já refez alguns caminhos, já explorou alguns domínios e já sofreu algumas descobertas. Nem sempre boas, vale lembrar.

Alcione: Nossa sociedade, cultuadora que é da juventude, acaba por provocar um sentimento de querer apagar as marcas da maturidade. E, ao desprezar a construção dos saberes dos velhos, o que se evidencia é o desrespeito às pessoas que estão no processo de "ensinar". Já nas sociedades indígenas as marcas que podem ser vistas no corpo, no cabelo, na pele e na fala são sinais de vaidade. Veja, Sueli, a imagem de Mauricio Negro do velho no meio da Aldeia, preparando-se para seu pronunciamento:

Fonte: MUNDURUKU, 2006, p. 9.

Sueli: Belíssima, essa imagem de Mauricio Negro, Alcione. Toda ela transpira concentração, introspecção, recolhimento. E, simbolicamente, o velho, ao acender o fogo, ilumina-se e ilumina o espaço para a hora de ouvir a voz de quem já viveu mais e que traz não apenas no corpo, mas na voz "de fora" e na voz "de dentro" as marcas de suas passagens. Essa imagem me faz lembrar a vó de Vítor, de *O sofá estampado*, de Lygia Bojunga Nunes. Também esse livro, embora não indígena, trata de uma história de iniciação, como a de Zotz, citada anteriormente. Aqui, o modelo para o tatu Vítor é sua avó, uma arqueóloga dedicada a salvar os animais na Floresta Amazônica e que por isso vive viajando. E, claro, aprendendo. A cada visita sua, o neto mais se encanta com as marcas deixadas pelo tempo e pela experiência tanto na mala como no rosto da velha avó. Para ele, cada risco novo na mala é comparável a uma nova ruga na avó, pois ambos falam de aprendizagem; quanto mais sábia ficava a velha, mais rugas lhe aparecem, quanto mais viajada e conhecedora de novos lugares, mais marcas possui a mala. Esse, portanto, pode ser um bom exercício de leitura, cujo confronto levará os jovens leitores a perceberem que, esporadicamente, em nossa cultura e, logicamente, pela arte, a velhice tem seu espaço e seu mérito.

Alcione: Essa personagem de Bojunga, que entra na floresta com a intenção de salvar os animais, lembra a trajetória humanística dos sertanejos Villas Bôas. Os irmãos Leonardo, Cláudio e Orlando, especialmente os dois últimos, dedicaram toda a sua vida à causa indígena. Segundo o livro *Orlando Villas Bôas: histórias e causos*, foi para Orlando, por exemplo, o maior *kuarup*[15] já realizado no alto Xingu pelos indígenas que conviveram com ele e seus irmãos.

Sueli: Eis uma grande razão para um exercício interessante nessa linha, acrescentando a essas discussões o filme *Xingu*, de Cao Hamburger. Além de contar a trajetória desses homens[16] que abriram mão de suas vidas para dedicá-las à causa indígena, o filme apresenta a cultura, as dificuldades e o espaço em que viviam algumas das nações nativas brasileiras.

Alcione: A película é um documento que demonstra que nem sempre o governo brasileiro enxergou os povos todos que habitam o território desse país continental. O enredo conta a trajetória de três irmãos que têm uma vida confortável e resolvem se alistar no programa de expansão na região do Brasil central. Os três têm um discurso forte, conseguem contornar situações e, muitas vezes, persuadem os indígenas e o governo a tomarem esse ou aquele posicionamento. Um

---

[15] "Realizado apenas no Alto Xingu, é um conjunto de cerimônias em homenagem a pessoas importantes que morreram" (KAHN, 2011, p. 22).

[16] Principalmente Orlando e Cláudio, que permaneceram na expedição no processo da criação do Parque Nacional do Xingu.

filme humano que trata de enfrentamentos, de diálogos entre povos e da interferência entre civilizações.

Sueli: Eu vejo aqui, Alcione, que dentre tantas passagens fortes desse filme, uma delas é a derrubada da mata para a construção da Transamazônica. Ela me faz lembrar um momento semelhante vivido pelos habitantes de Pandora no filme *Avatar*. Parece que, quando se trata de progresso, independentemente de tempo ou espaço, as cenas são sempre muito semelhantes. A comparação desses dois filmes pode ser um bom mote para reflexões na escola acerca do pensamento contemporâneo e de seu impacto sobre a natureza.

Alcione: A demonstração das fragilidades das culturas reforça o quanto o diálogo pode contribuir para o crescimento de conhecimentos, sabedorias e emoções entre povos. E uma das dobras do pensamento das nações indígenas que é marcante e que nos coloca a refletir é referente ao respeito com a fauna, a flora, a água, os seres e a terra. Esse, talvez, seja um dos fios pelos quais essas etnias estão ligadas, o que também não invalida a ideia de que eles – como nós – ainda não tenham descoberto o caminho da perfeição.

Sueli: Pois é, Alcione, na verdade, ao trabalhar com essas diferentes etnias, o que precisa ser um ponto a não perder de vista é a nossa tendência a colocar juízo de valor nas questões abordadas. Acreditamos, sim, que muito temos a aprender com esses povos, como também acreditamos que eles tenham o seu quinhão a aprender conosco, daí a nossa proposta permanente de diálogo entre brancos e indígenas, seja através dos livros, seja através de filmes, seja através de nossos discursos, que, por mais que queiramos isentar, vêm marcados por nossas crenças e afinidades pessoais e de grupo.

Fim da trilha

> *embora queiramos a igualdade social, se faz urgente*
> *defender a diversidade, para que – ainda que diversamente*
> *– façamos com dignidade e de forma singular parte de uma*
> *única raça: a humana*
> CAGNETI; PEGORETTI, 2012, p.11

Alcione: Sueli, pelas últimas colocações suas no capítulo anterior, e também pelas suas palavras na epígrafe que escolhi para abrir o fim da trilha, fica evidente que nosso desejo é que o diálogo aconteça nas salas de aula; que nossa proposta de conversar sobre os livros de literatura indígena possam convidar o professor e seus alunos a sentirem o cheiro das florestas, a presença do mágico, a força da união, a filosofia indígena, suas diferenças nos mais diversos campos, mas tudo com muita liberdade.

Sueli: Com certeza. Nosso caminhar por essa trilha proposta quer acima de tudo sugerir possibilidades de trabalho e leituras de obras pertinentes ao tema e que, muitas vezes, os professores não tiveram a oportunidade de conhecer, bem como refletir – dialogando – um pouco sobre a filosofia dos povos indígenas.

Alcione: Com isso você quer enfatizar que esse nosso trabalho não é uma receita para ser seguida?

Sueli: Sem dúvida, Alcione, nossas colocações aqui não passam de possibilidades que cada professor a seu modo poderá e deverá transformar em novas trilhas, com diferentes atalhos e com sugestivas paragens, dependendo do contexto escolar no qual estiver inserido.

Não somos adeptas, como você sabe, à inclusão por ela mesma. Queremos, e acredito que até certo ponto conseguimos, demonstrar isso ao longo de nosso livro: a ideia de lutarmos pela unicidade (uma vez que pertencemos todos a uma mesma teia), sem perdermos, no entanto, nossa identidade.

Alcione: Na construção dessa grande trilha, aprendi uma centena de coisas, e muitas delas são indizíveis, pois passam apenas pelo sentir. A ideia de que tudo está em conexão, o impacto de tomar uma ou outra decisão e de vivermos experiências intensas revirou muitas das minhas concepções de vida, de professora, de mulher. Nesse momento, fiquei curiosa para ver o desenho da Rodovia Transamazônica, pois pelo que lemos e assistimos no filme ela seria em linha reta. Não foi o que aconteceu. Observemos juntas o mapa:

Fonte: <https://pt.wikipedia.org/wiki/RodoviaTransamasonica>.

Sueli: Observando o mapa, como você sugere, vejo não somente a força dos irmãos Villas Bôas, juntamente com grupos indígenas, para preservar a integridade do Parque do Xingu, como também a imagem proporcionada pelo desvio feito na rota: um oásis de construção humana, uma representação quase circular que crenças podem criar. Afinal, rota desviada nem sempre é símbolo de desistência de meta. Quase sempre é de novas conquistas. O Parque do Xingu é um exemplo.

Alcione: O que você está dizendo é que rotas programadas e certas de seu destino nem sempre cumprem seu objetivo em um único plano?

Sueli: Creio que sim. Aprendemos, ao construir essa trilha, que se tudo está interligado, há que se respeitar o que as conexões e os caminhos trilhados nos apontam: muitas vezes é preciso mudar de lugar, outras é preciso "fincar pé", em algumas basta deixar acontecer. É o que queremos sugerir aos professores aqui. Que também nossa trilha (como a construção do Parque do Xingu e a posterior construção da Transamazônica) sofra em suas mãos os desvios necessários, a adaptação, segundo o momento de seus alunos, a criação de atalhos que encurtem a trilha, e que possam enriquecê-las com novas paisagens, com novos oásis e, por que não, com novas trilhas que venham a substituir esta aqui, recém-aberta.

Referências

AVATAR. Direção: James Cameron. CAMERON, James. Estados Unidos: Lightstorm Entertainment; Fox Film, 2009. 1 DVD (161 min.), son., color.

AZEVEDO, Fraga Fernando. Literatura infantojuvenil contemporânea e pós-modernidade: leituras em torno de Histórias que me contaste tu, de Manuel António Pina. In: _____. *Mitologia, tradição e inovação*. Canela: Gailivro, 2006. p. 10-25.

BARBIERI, Stela. *O livro das cobras*. Ilustrações de Fernando Vilela. São Paulo: DCL, 2009.

BRASIL. Lei n. 11.645, de 10 de março de 2008. Altera a Lei n. 9.394, de 20 de dezembro de 1996, que estabelece as diretrizes e bases da educação nacional, para incluir no currículo oficial da rede de ensino a obrigatoriedade da temática "História e cultura afro-brasileira e indígena". Brasília, 2008.

CAGNETI, Sueli de Souza; PEGORETTI, Sonia Regina Reis (Orgs.). *Anais VII abril mundo 2012: literatura africana e afro-brasileira*. Joinville: Editora Univille, 2012.

CAGNETI, Sueli de Souza; SILVA, Cleber Fabiano. *Literatura infantil juvenil: diálogos Brasil-África*. Belo Horizonte: Autêntica, 2013.

CAMPELL, Joseph. *O poder do mito*. Com Bill Moyers. Tradução de Carlos Felipe Moisés. São Paulo: Palas Athena, 1990.

CASTANHA, Marilda. *Pindorama: terra das palmeiras*. Ilustrações de Marilda Castanha. São Paulo: Cosac Naify, 2007.

FOUCAULT, Michel. *O que é um autor?*. 2. ed. Lisboa: Passagens, 1992.

GRAÚNA, Graça. *Contrapontos da literatura indígena contemporânea no Brasil*. Belo Horizonte: Mazza, 2013.

GUARÁ, Rosi Wasiry. *Olho d'água: o caminho dos sonhos*. Ilustrações de Walther Moreira Santos. Belo Horizonte: Autêntica, 2012.

HAKIY, Tiago. *Guaynê derrota a cobra grande: uma história indígena*. Ilustrações de Mauricio Negro. Belo Horizonte: Autêntica, 2013.

IBGE mapeia a população indígena. 2013. Disponível em: <http://saladeimprensa.ibge.gov.br/noticias?view=noticia&id=1&busca=1&idnoticia=2360>. Acesso em: 5 fev. 2014.

KAHN, Marina. *ABC dos povos indígenas no Brasil*. Ilustrações de Apo Fousek. São Paulo: SM, 2011.

KATY, Sulamy. *Nós somos só filhos*. Ilustrações de Mauricio Negro. São Paulo: Zit, 2011.

LOPES, Fabiana Ferreira. *Festa da taquara*. São Paulo: SM, 2012. (Coleção Festas e Danças).

MACUXI, Ely. *Ipaty: o curumim da selva*. Ilustrações de Mauricio Negro. São Paulo: Paulinas, 2010.

MINÁPOTY, Lia. *Com a noite veio o sono*. Ilustrações de Mauricio Negro. São Paulo: Leya, 2011.

MUNDURUKU, Daniel. *A literatura indígena, segundo Daniel Munduruku*. Entrevista concedida a Reni Adriano. 2013. Disponível em: <http://www.ecofuturo.org.br/diadaleitura/blogdnl/show/876>. Acesso em: 4 mar. 2013.

MUNDURUKU, Daniel. *A palavra do grande chefe*. Ilustrações de Mauricio Negro. São Paulo: Global, 2008.

MUNDURUKU, Daniel. *Antologia de contos indígenas de ensinamento: tempo de histórias*. Organização de Heloisa Prieto. São Paulo: Moderna, 2005.

MUNDURUKU, Daniel. *Kapusu Aco'i Juk (Parece que foi ontem)*. Ilustrações de Mauricio Negro. São Paulo: Global, 2006.

MUNDURUKU, Daniel. *O caráter educativo do movimento indígena brasileiro (1970-1990)*. São Paulo: Paulinas, 2012.

MUNDURUKU, Daniel. *Um estranho sonho de futuro: casos de índio*. Ilustrações de Andrés Sandoval. São Paulo: FTD, 2004.

NUNES, Lygia Bojunga. *O sofá estampado*. 5. ed. Rio de Janeiro: Civilização Brasileira, 1984.

OLIVEIRA, Rui. *A lenda do dia e da noite*. São Paulo: FTD, 2001.

OLIVEIRA, Rui. *Pelos jardins Boboli: reflexões sobre a arte de ilustrar livros para crianças e jovens*. Rio de Janeiro: Nova Fronteira, 2008.

OS ÍNDIOS. Disponível em: <http://www.funai.gov.br/indios/fr_conteudo.htm>. Acesso em: 20 jul. 2013.

PAULI, Alcione. *Era uma vez... o poder da floresta e a sabedoria das águas num lugar não tão distante...* 2010. 91 f. Dissertação (Mestrado em Patrimônio Cultural e Sociedade) – Universidade da Região de Joinville, Joinville, 2010.

PRANDI, Reginaldo. Do caroço de tucumã escapa a noite. In: PRANDI, Reginaldo. *Contos e lendas da Amazônia*. Ilustrações de Pedro Rafael. São Paulo: Companhia das Letras, 2011. p. 25-31.

RODRIGUES, Maria Lúcia Costa. *A narrativa visual na literatura infantil brasileira: histórico e leituras analíticas.* Joinville: Editora Univille, 2012.

SANTOS, Joel Rulfino. *Vida e morte da onça-gente.* São Paulo: Moderna, 2006.

THIÉL, Janice. *Pele silenciosa, pele sonora: a literatura em destaque.* Belo Horizonte: Autêntica, 2012.

VAL, Vera do. A criação da noite. In: _____. *A criação do mundo e outras lendas da Amazônia.* Ilustrações de Geraldo Valério. São Paulo: WMF Martins Fontes, 2008. p. 17-19.

VILLAS BÔAS, Orlando. *Orlando Villas Boas: histórias e causos.* São Paulo: FTD, 2006.

WALTY, Ivete; FONSECA, Maria Nazareth Soares; CURY, Maria Zilda. *Palavra e imagem: leituras cruzadas.* Belo Horizonte: Autêntica, 2001.

XINGU. Direção: Cao Hamburger. Rio de Janeiro: 02 Filmes; Globo Filmes, 2012. 1 DVD (103 min.), son., color.

YAMÃ, Yaguarê. *Sehaypóri: o livro sagrado do povo Saterê-Mawé.* Ilustrações de Yaguarê Yamã. São Paulo: Peirópolis, 2007.

ZOTZ, Werner. *Apenas um curumim.* Ilustrações de Andrés Sandoval. 25. ed. Florianópolis: Letras Brasileiras, 2004.

Este livro foi composto com tipografia Bembo Std e impresso
em papel Off Set 90 g/m² na Gráfica Paulinelli.